Franck LIGNER

AF168344

PAROLES CHERCHENT MUSIQUES POUR ENCHANTER

Franck LIGNER

PAROLES CHERCHENT MUSIQUES POUR ENCHANTER

FSC
www.fsc.org
MIXTE
Papier issu
de sources
responsables
Paper from
responsible sources
FSC® C105338

© 2020 Franck LIGNER
Éditeur : BoD-Books on Demand
12-14 rond-point des Champs-Élysées, 75008 Paris
Impression : Books on Demand, Norderstedt, Allemagne

ISBN : 978-2-3222-0824-1
Dépôt légal : Avril 2020

Les textes qui sont présentés dans cet ouvrage sont à votre disposition pour vous faire rêver, chanter si la musique est déjà posée sur les mots. Mais tous les textes n'ayant pas le symbole musical 𝄞 sont orphelins de mélodie et n'attendent que vos propositions pour se mettre à chanter.

La joie que vous me procurerez par ces musiques qui s'enlaceront avec mes écrits n'est pas descriptible. Lorsque des mots errent sur une feuille blanche et s'accordent pour bercer nos cerveaux en s'accompagnant de la simple mélodie du silence, cela peut apaiser et rendre heureux. Mais certains mots, eux, se promènent sur le papier et ont besoin d'être portés pour faire une chanson.

Sur mon long parcours, moi, j'aperçois la ligne d'arrivée et je me dis qu'il est grand temps que je vous offre mes textes. Si, ils peuvent vous apporter le bien-être, la douceur et le bonheur que devrait déposer la vie sur notre chemin je serais ravi.

Merci à vous de me faire l'honneur

de me lire.

PREFACE

Eh bien, ceci ne date pas d'hier. En effet, les rhéteurs grecs ont pris conscience très tôt du rôle que pouvait jouer la musique des mots dans la persuasion.

Nous sommes indéniablement sensibles à la musique des mots et nous percevons la dureté ou la douceur de certaines notes consonantiques ou vocaliques. Ainsi les mots constituent une sorte de mélodie et leur enchaînement peut nous emporter dans des univers teintés de nuances variées : rêve, émotion, peur, angoisse, harmonie...

Entendre le grain de voix, le timbre, la tonalité majeure ou mineure, les couleurs éclatantes ou étouffées, le souffle aspire ou expire, le rythme, le mouvement animant la parole, c'est d'une certaine façon entendre la musique dans la parole.

Nous avons tous un jour entendu un "tout va bien" accompagné d'un large sourire mais qui se décompose et se défait dès qu'il est confronté au miroir de l'écoute analytique. Les murmures, les bruits, les râles qui débordent et enveloppent la parole communicante nous donnent finalement le ton et nous font comprendre que finalement ça ne va pas si bien que cela.

Écrire : de la musique aux mots et réciproquement.

Parfois, souvent même, écouter de la musique, pourvu qu'on s'y laisse aller complètement, fait venir des mots, les fait naître. D'abord sur les lèvres, on ne sait ni comment ni pourquoi et puis ça trottine, ça tricote, ça fait des vrilles que les doigts retranscrivent, que la mémoire essaie de garder, parce que ça peut aller très vite, dans une sorte de fulgurance, parfois on laisse tomber on revient, on corrige jusqu'au moment où l'on se dit que l'on a fini.

Pour un musicien c'est peut-être l'inverse qui se produit. Ce sont parfois les mots qui appellent la musique de leur voix profonde.

Enfant d'après-guerre les circonstances ont fait de Franck un écorché vif au caractère fort mais plein de sensibilité. Touche-à-tout il aime à découvrir les choses, à découvrir les êtres car ils donnent un sens à sa vie.
Très tôt il couche sur le papier les mots faisant écho aux maux de son histoire comme pour apaiser une vie parfois rude.

La vie foisonne d'émotions, de sensations, de ressentis. C'est la richesse de l'être humain. Cette sensibilité a fait naître en lui tantôt des mots tantôt des mélodies.
Et la magie opère lorsque les mots rencontrent les notes.

Auteur-compositeur depuis des années, sa valise d'émotions est emplie de textes dont certains cherchent encore la musique qui les fera vibrer.

"Paroles cherchent Musiques pour Enchanter" est un ouvrage dédié à la rencontre de la poésie et de la musicalité.

De votre inspiration pourront, désormais, naître plusieurs chansons...

"La vie est une promesse qu'aucun DIEU n'a pu tenir"

Franck LIGNER

MONSIEUR DUPONT

La naissance de Monsieur Dupont, est assez bizarre, parce que j'étais avec ma guitare et tout simplement je passais quelques accords, comme ça, pour me chauffer les doigts. Je suis resté sur deux, trois accords que Brassens a utilisés dans la chanson "le gorille" j'ai déliré dans ma tête et je me suis mis à imiter Brassens. Alors, je me suis dit que si Brassens me voyait il m'appellerait Monsieur Ducon. J'ai commencé à mettre quelques paroles sur les accords qui se baladaient et je me suis laissé embarquer dans la folie du pauvre mec qui s'appelait Monsieur Dupont qui n'a pas inventé l'eau chaude et qui est le Monsieur Ducon qu'on voit tous les jours. Mais il a un cœur, ce qui est rare de nos jours, puis au fond, si vous regardez bien, il a aussi une religion qui s'appelle l'humain. Je dois vous dire que c'est une chanson qui fait réfléchir et qui m'amuse beaucoup.

J'espère qu'il en sera de même pour vous.

MONSIEUR DUPONT

C'est l'histoire d'un homme que l'on appelle
Monsieur Dupont n'était pas né comme tous les
hommes car il est né dans ma chanson.

Avec sa nourrice il ne voulait pas du téton
Comme elle était biensûr mignonne
Il la voulait sous l'édredon

C'est l'histoire d'un homme que l'on appelle
Monsieur Dupont n'était pas né comme tous les
hommes car il est né dans ma chanson.

Arriva l'âge de l'école il n'apprenait pas ses leçons
Il ressemblait à une chiffe molle
Et était couvert de boutons

C'est l'histoire d'un homme que l'on appelle
Monsieur Dupont n'était pas né comme tous les
hommes car il est né dans ma chanson.

Il a eu l'âge des années folles il a couru tous les jupons
Il a choppé la petite vérole
À force de traîner les boxons

C'est l'histoire d'un homme que l'on appelle
Monsieur Dupont n'était pas né comme tous les
hommes car il est né dans ma chanson.

Puis il partit en guerre il a chanté la Madelon
Et fit la tournée des cimetières
Pour saluer ses compagnons

C'est l'histoire d'un homme que l'on appelle
Monsieur Dupont n'était pas né comme tous les
hommes car il est né dans ma chanson.

Un jour il s'est marié avec la petite Margot
Ils n'arrêtèrent pas d'y aller
Et firent une douzaine de marmots

C'est l'histoire d'un homme que l'on appelle
Monsieur Dupont n'était pas né comme tous les
hommes car il est né dans ma chanson.

Par une nuit bien noire il a oublié de respirer

Ce petit bonhomme sans gloire

Vers le bon Dieu s'en est allé

C'tait l'histoire d'un homme que l'on appelait
Monsieur Dupont n'était pas mort comme tous les
hommes car il est mort dans ma chanson.

C'tait l'histoire d'un homme que l'on appelait
Monsieur Dupont n'était pas mort comme tous les
hommes car il est mort dans ma chanson.

LA FEMME EST DIEU

"Juste

une

évidence"

LA FEMME EST DIEU

Ecoutez braves gens

La chanson de la nuit

Je ne suis qu'un enfant

Qui pour vous tous prie

Fermez doucement les yeux

Voyez une autre vie

La femme devenue Dieu

Vous entend cette nuit

Faites les plus beaux songes

D'amour ou de folies

Mais jamais de mensonges

Pendant vos rêveries

Ecoutez braves gens

La chanson de la nuit

Je ne suis qu'un enfant

Qui pour vous tous prie

Je porterai, demain

Les plus belles images

Dans le palais divin

Je chant 'rai les messages

La femme m'écoutera

Assise sur une étoile

Mes mots elle couvrira

Du plus grand de ses voiles

Ecoutez braves gens

La chanson de la nuit

Je ne suis qu'un enfant

Qui pour vous tous prie

Quelques semaines plus tard

Elle ôtera le drap

Pour voir si vos espoirs

Sont encore en l'état

Celui qui est présent

Et qui n'a pas changé

La femme généreusement

Le fera exister

Ecoutez braves gens

La chanson de la nuit

Je ne suis qu'un enfant

Qui pour vous tous prie

SINGING COW-BOY

Juste moi... En la mémoire d' un véritable ami, réel cowboy chantant, lui. Je vous le présenterai un peu plus loin et vous verrez ce qu'est un homme extraordinaire qui a trouvé l'amour en cherchant ses racines.

SINGIN' COWBOY

Been ridin' the range, been ridin' since dawn

over prairies and canyons, the trail lead'n on

my heart's been blazin' trails of its own

carefree and upbeat, then feelin' alone

Trackin' m' liberty every day

hearin' it call from across the way

no guidin' star to light up my way

just destiny and come what may

Come on folks

I'm just a cowboy, passin' through unseen

I'm just a cowboy, part o' the scene

I'm just a cowboy, silent all day long

I'm just a cowboy, movin' along

That's right

When the blue norther drives the clouds overhead

makes the thunder peal 'n the sky turn to lead

I need a place to hunker down for the night

out o' the rain 'n the chill wind's bite

The owl screeches and the lone wolf calls

I dream o' life as a wild outlaw

life on the edge, a lady on each arm

as I keep on dreamin', the night air grows warm

That's right

I'm just a cowboy, passin' through unseen

I'm just a cowboy, part o' the scene

I'm just a cowboy, silent all day long

I'm just a cowboy, movin' along

Go ahead

Rainwashed sky, as blue as my jeans

breaks right on into my dreams

the storm's blown over, my dreamgirl's gone

there ain't nothin' to do but to travel on

When I'm done adventurin', by and by

done makin' my bed 'neath the open sky

I'll settle down in a town out west

kick off my boots, give m' bedroll a rest

And there I'll build me a home of my own

a ranch with some land where I'll sing me a song

and there I will stay till the end of the ride

with a woman *with a woman* 'n a whisky *'n a whisky* close by
my side

La la la la la la la la la la

everybody

La la la la la la la la la la

traduit par Ellen WANDER

SINGIN' COWBOY

Moi le cowboy je n'en n'impose pas

Moi le cowboy on ne m'entend pas

Moi le cowboy on ne me voit pas

Je ne fais rien qui ne va pas

Je vais par les routes dans la campagne

Tantôt dans la plaine ou dans la montagne

Mon cœur lui aussi fait son chemin

Parfois gai, parfois chagrin

Je cherche toujours ma liberté

Qui m'attend là-bas au fond d'un comté

Je n'ai pas d'étoile pour me guider

Que l'destin que j'peux croiser

Moi le cowboy je n'en n'impose pas

Moi le cowboy on ne m'entend pas

Moi le cowboy on ne me voit pas

Je ne fais rien qui ne va pas

Quand le vent du nord amène les nuages

Se couvre le ciel puis gronde l'orage

La forêt touffue est un bon abri

Où je peux passer la nuit

Chante le hibou, hurle le loup gris

Je me fais des rêves de grand bandit

De beaucoup de femmes et de grands frissons

Je remplis mes nuits à ma façon

Moi le cowboy je n'en n'impose pas

Moi le cowboy on ne m'entend pas

Moi le cowboy on ne me voit pas

Je ne fais rien qui ne va pas

Après l'orage le soleil revient

Je dois reposer mon cul pour aller plus loin

Demain le soleil va se lever

Je serai obligé de continuer

Quand j'aurai fini toutes mes aventures

Las de vivre au milieu de la nature

Je ferai ma vie dans un village

Mes tiags râpées par les voyages

Je construirai enfin ma maison

En forme de ranch pour faire des chansons

Et je passerai là le reste de ma vie

Aux cotés d'une douce amie

Moi le cowboy je n'en n'impose pas

Moi le cowboy on ne m'entend pas

Moi le cowboy on ne me voit pas

Je ne fais rien qui ne va pas

La la la la la la la la la la

Tout le monde

La la la la la la la la la la

SANS REGRET

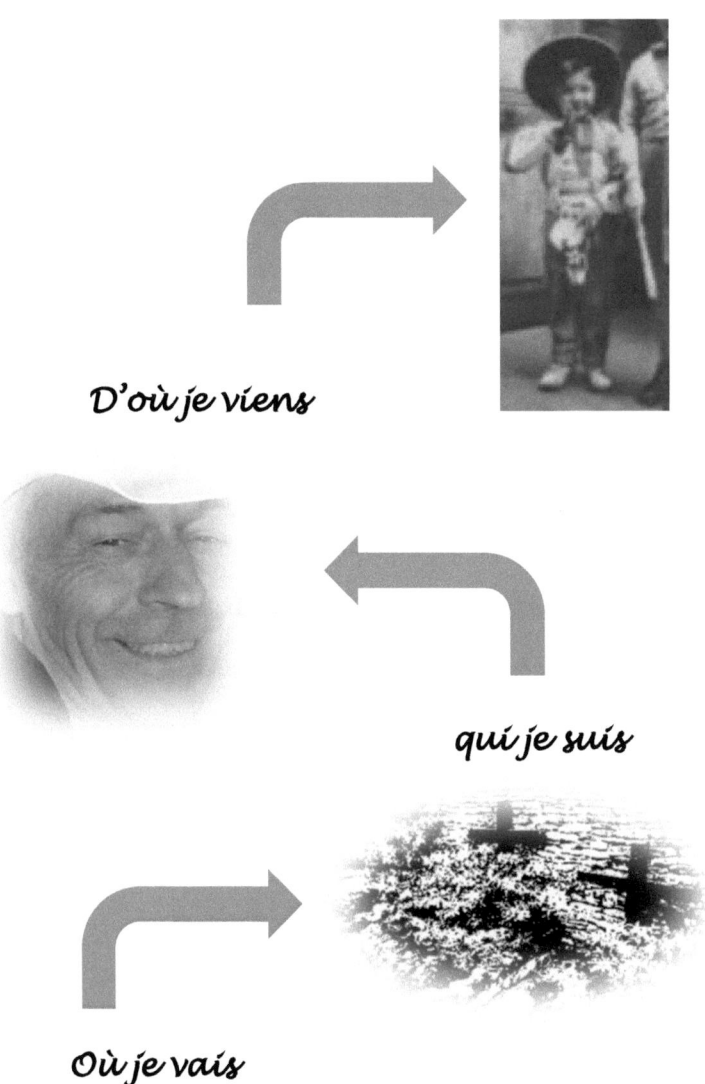

D'où je viens

qui je suis

Où je vais

SANS REGRET

Moi je sais d'où je viens

Moi je sais qui je suis

Moi je sais où ma vie me mènera

Moi je sais d'où je viens

Moi je sais qui je suis

Et je sais que ma vie est comme ça

Je n'ai pas de regret je n'ai pas de remords

Que j'ai eu des raisons ou que j'ai eu des torts

J'ai bâti mon chemin et je vais sur la route

Sans savoir si demain ne laissera aucun doute

Moi je sais d'où je viens

Moi je sais qui je suis

Moi je sais où ma vie me mènera

Moi je sais d'où je viens

Moi je sais qui je suis

Et je sais que ma vie est comme ça

J'ai connu des souffrances j'ai connu des bonheurs

Oui mes larmes ont coulé devant l'amour très fort

Et mes rires ont cessé trop souvent pour la mort

Mais l'épreuve de ma vie m'a rendu bien plus fort

Moi je sais d'où je viens

Moi je sais qui je suis

Moi je sais où ma vie me mènera

Moi je sais d'où je viens

Moi je sais qui je suis

Et je sais que ma vie est comme ça

PONT MUSICAL

Tous les grands philosophes n'ont posé que des mots

Sur le monde bien trop moche pour un pauvre poulbot

Je ne suis qu'un gavroche qu'est sorti du ruisseau

Pour ne pas que sa vie se déchire en lambeaux

Moi je sais d'où je viens

Moi je sais qui je suis

Moi je sais où ma vie me mènera

Moi je sais d'où je viens

Moi je sais qui je suis

Et pourtant je me fous de tout ça

Moi je sais d'où je viens

Moi je sais qui je suis

Moi je sais où ma vie me mènera

Moi je sais d'où je viens

Moi je sais qui je suis

Et pourtant je me fous de tout ça

AILLEURS

Mon ailleurs à moi n'est pas tout à fait sur cette terre donc, je passe mon temps à m'évader dans un monde qui est le mien.

Ce monde se trouve biensûr là où les autres ne vont pas, il me fait regarder ce que les autres ne voient pas, me fait accepter ce que les autres n'acceptent pas, me fait ressentir ce que les autres ne ressentent pas. Tout ceci pour vous dire que mon monde à moi n'est pas tout à fait ici car la dimension humaine est tellement rare qu'il faut des yeux de lynx pour la trouver. Néanmoins je ne désespère pas car la dimension de l'homme et la foi dans les sentiments existent quand même dans des êtres que nous croisons au quotidien mais que nous ne savons pas reconnaître. Ma perspicacité m'a emmené dans cet autre monde que je trouve beau, reposant et j'ai fait tout mon chemin chez lui. Maintenant que je vois la fin de mon parcours là où je vais pouvoir peut-être me reposer je penserai à tous les gens qui ont accepté de marcher avec moi sur cette route qui n'est simplement que la route de l'amour des autres !!!

AILLEURS

Dans la lumière de ce regard

Un jour t'es venue te baigner

Habillée de ton seul espoir

De ne plus voir ton cœur saigner

« Vas où les autres ne vont pas »

Tu vivais comme dans le brouillard

Sans trop savoir où tu allais

T'écrivais les pages d'une histoire

D'un bel amour dont tu rêvais

« Regarde ce que les autres ne voient pas »

La vie si dure de notre temps

T'as rattrapée sans crier gare

Tu t'es couchée en un instant

Seule sur le lit du désespoir

« Accepte ce que les autres rejettent »

Sous la lumière de ce regard

Le verbe aimer t'a caressée

T'as conjuguée tous tes espoirs

Puis dans ses yeux tu t'es noyée

« Ressent ce que les autres ignorent »

LA PREMIERE FOIS

Au printemps assis sur un bas mur, regardant face à moi
le port de Jard sur mer, je suis parti dans des rêves
lointains. Mon âme vagabondait donc sur toutes les
images que nature et bateaux offraient. J'ai surpris sur le
pont d'un voilier un jeune couple dont les corps se
rendaient hommage. Vu la jeunesse des deux
personnages j'ai repensé à mon enfance et mon
adolescence et pourquoi les mots "première fois" sont
venus à mon esprit ? Je l'ignore encore. J'ai pris un
papier, un crayon et j'ai écris des lignes. Ces lignes de
mots sont sortis de moi tel un bouquet de fleurs que je
voulais offrir à ses deux jeunes amants, beaux comme un
jour de printemps, qui de leur amour en avaient fait :

une œuvre d'art.

LA PREMIERE FOIS

La première fois peut ressembler au grand amour

Un sentiment qui se présente et qui t'entoure

Le rayon bleu de ton enfance qui disparaît

La sensation d'être une femme devenue vraie

Ce fut si beau de m'en aller pour ce voyage

J'ai enfermé mes émotions dans mes bagages

Peut-être un jour dans une gare ou sur un port

Je m'accrocherai à cet amour qu'a fait mon corps

Pont musical

Je regarderai vers les matins de l'habitude

Qui font sentir encore plus fort la solitude

Et puis ma vie parfum amer ou délicat

Bercera mon cœur qui se posera auprès de toi

Et notre amour prendra le chemin de l'infini

Comme un tableau qui n'est jamais vraiment fini

Toutes les caresses et les frissons venant de toi

Me rappelleront chaque matin la première fois

Pont musical

AMOUR

Dans mes délires solitaires je regarde quelquefois en arrière et je vois le chemin parcouru. Tous les chemins mènent à Rome mais beaucoup de nos chemins sont parfois des erreurs ou des croyances perdues.

Il s'avère que dans ce monde beaucoup d'entre nous ont connu autre chose que ce que nos parents appelaient un mariage réussi. Aujourd'hui les chemins ne sont pas si simples. Les erreurs, les tentations se multiplient et l'évolution des technologies montrent que la parole des anciens n'a plus vraiment sa place dans les oreilles des jeunes. Les jeunes maîtrisent les technologies et expliquent aujourd'hui, à beaucoup d'entre nous, comment vivre le présent en fonction du futur alors que nous avons construit notre présent sur notre passé. Beaucoup d'entre vous disent que le monde marche sur la tête c'est vrai et c'est pour ça qu'il faut recommencer recommencer.

Sa vie peut-être ?

AMOUR

Qu'est-c'que l'amour

Quand on ne s'aime pas

Qu'est-c'que l'amour

Quand on est bien trop las

Peut-être que le monde

A fait des cœurs qui pleurent

Peut-être que le monde

Ne fait pas le bonheur

Qu'est-c'que l'amour

Quand enfin on y croit

Qu'est-c'que l'amour

Quand je dors avec toi

Peut-être que le monde

Me fait revivre pour toi

Peut-être que le monde

M'a jeté dans tes bras

Qu'est-c'que l'amour

Quand je suis fou de toi

Qu'est-c'que l'amour

Sans un enfant de toi

Peut-être que le monde

Nous donne enfin la voie

Peut-être que le monde

Sera un grand feu de joie

FILS PERE INVERSEMENT

PERE FILS INVERSEMENT

J'ai vu tes grands yeux s'ouvrir
J'ai vu un doux corps grandir
J'ai entendu un cœur gémir
Puis, je t'ai vu, seul, partir

Notre beau monde est un enfer
Mais tu es jeune, tu sais y faire
Dans nos matins t'as souvent dit
Ton cœur peut peindre son paradis

Comme peut aimer un père
Comme peut aimer un frère
Ou encore un ami
T'as su aimer aussi

Nous la ferons tourner
L'horloge de ta vie
Que d'autres ont arrêtée
En voulant te casser

Avec tes yeux tu dessinais
Sur le papier de nos pensées
Le pays bleu de ton enfance
Un grand pays plein de romances

Tu as vécu le grand bonheur
La joie, l'amour et la douleur
Puis ton regard s'est abîmé
Quand t'as croisé la société

Monde si fou, monde si faux
L'adolescence devient ghetto
Tu t'roules un joint, une cigarette
Tu t'perds un peu, tu perds la tête

Ton doux visage a bien vieilli
De la douleur j'entends le cri
Puis maintenant tu as pris femme
Le monde entier pourrit ton âme.

Je suis là !!!

J'AI FAIT L'AMOUR AVEC LA TERRE

Juste un délire quelque peu prétentieux.

J'AI FAIT L'AMOUR AVEC LA TERRE

J'ai fait l'amour avec la terre

Dans la douleur et la misère

Pour qu'elle enfante des lendemains

Parfum d'amour et non chagrin

Elle fera naître dans la beauté

Un temps sans guerre plein de gaieté

Que les enfants de notre temps

Voient leur avenir bordé de blanc

Sans un nuage au fond du cœur

Je veux qu'ils vivent dans le bonheur

Qu'ils puissent danser et puis crier

Vivre l'amour la liberté

Et si un jour ils doivent pleurer

C'est que la joie les a touchés

Chantez très forts enfants du monde
Et faites ensemble une vraie ronde
Ronde de joie et de tendresse
Vivez heureux le cœur en liesse
N'écoutez plus les gens méchants
Qui ont détruit tout notre temps

J'ai fait l'amour avec la terre
Dans la douleur et la misère
Pour qu'elle enfante une autre vie
Faite d'amour et non d'envies

Chantez toujours la liberté
De tous les peuples des opprimés
Fixez la paix dans vos regards
Pour que demain soit un espoir
Faites chanter l'enfant qui naît
Vos lendemains seront parfaits

ET SI

Le silence disait tout ?

ET SI

Si les bleus de ton âme sont le ciel de ta vie

Ne crois pas qu'une femme sans me voir s'ennuie

Les éclats de ma flamme aujourd'hui sont ternis

C'est pour ça que ce soir je te dis c'est fini

Des lendemains me regardent pour bâtir sans soucis

Car enfin je veux croire qu'enfin libre je suis

Comme l'oiseau sans ses ailes je restai au nid

Mais le jour de l'envol je veux mordre l'envie

Les sourires comme les guerres peuvent détruire sans

répit

Mais quand les cœurs saignent trop d'enfants sont

meurtris

Je ne peux plus me voir dans les yeux des amis

Car à force de les croire ce sont eux mes ennemis

Le soleil de l'espoir me réchauffe ce midi

Décidé je repars pour repeindre mes nuits

Sur la toile des images que j'aurai seul choisies

L'avenir sans l'savoir m'a peut-être dit oui.

FRENCH DREAM

Ellen WANDER est une amie américaine, folle de country (danses et musiques) qui a mis sa nationalité au service de la traduction de mes chansons. Non seulement elle a une culture remarquable, mais, ce qui ne gâche rien c'est une belle femme qui s'est trouvée seule durant une période qui correspondait à mon parcours solitaire de l'époque.

Pour le reste je ne suis pas un spécialiste de la littérature érotique donc, je vous laisse supputer avec l'aide des paroles de la chanson ce que nous avons pu vivre ensemble avant que nos chemins affectifs ne se séparent.

FRENCH DREAM

She left her hometown in the lone star state

Pulled up her roots, decided to relocate

Carryin' inside to a future unknown

Mem'ries of all the cowboys she'd once known

Where has all that endless sagebrush gone

The caliche roads she drove along

That led to honky-tonk delight

All that's now drifted far out of sight

Diff'rent rhythms of a new country

a new life full of uncertainty

She washed up on a rocky French shore

Afraid she'd see her lone star no more

So far from childhood's dusty plains

Her hopes misted over by Briton rain

Just souvenir cowboys in her mind

All those cowboys she had left behind

Keep the faith and one day you will find

A French cowboy, one-of-a-kind

Did Texas whisper "Girl take a chance"

Or was it her heart ready to dance?

Out one night in a local café

She noticed a Stetson tipped her way

A French cowboy with an ole guitar

Two drifting strangers sharing a bar

The country girl from over yonder

The French cowboy who liked to wander

Out of America, into France

like country music 'n in-line dance

That harks back to those who paved the way

Settlin' the new world back in their day

It's over two hundred years away

An' now some of their children are back to stay

traduit par Ellen WANDER

FRENCH DREAM

De son Texas elle est partie

C'était la terre où elle grandit

Son avenir et son passé

Se sont un jour déracinés

De son pays elle se souvient

Des seuls cowboys sur son chemin

Où est le temps des grands déserts

De son pick-up plein de poussière

Des danses folles et des musiques

Elle est maintenant Outre-Atlantique

Les honky-tonks et la Country

C'était pour elle toute sa vie

Elle a trouvé la terre de France

Qui est si loin de son enfance

De Del Rio à la Vendée

Pas un cowboy elle n'a trouvé

Pour elle son rêve est assombri

Pour elle peut-être tout est fini

Crois en demain tu trouveras

Le French cowboy auquel tu crois

Est-ce le Texas qui lui dit

Ou bien son cœur qu'en a envie

Dans une salle elle a croisé

Sous un stetson un homme blessé

Un French cowboy et sa guitare

Tous deux tranquilles se posent au bar

La Country girl venue ici

Et French cowboy jamais parti

De l'Amérique venue en France

Comme la Country et ses tendances

Mais à l'inverse il faut penser

Que nos ancêtres y sont allés

Y a maintenant plus de deux cent ans

Et ils ont fait beaucoup d'enfants

QUAND J'ETAIS UN PETIT DROLE

La planète de
mes rêves
après mon
réveil

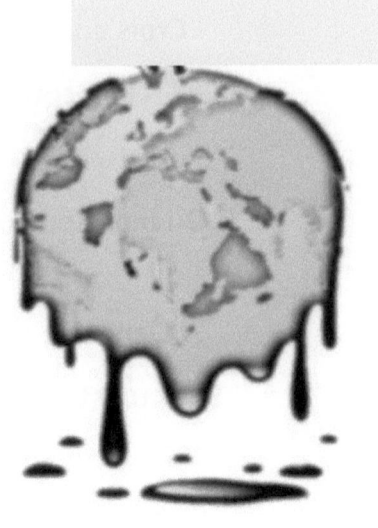

Où est le haut ?
Où est le bas ?

Mon auréole est
peut-être un
peu juste ?

QUAND J'ÉTAIS UN PETIT DRÔLE

Quand j'étais un Petit drôle

Je ne vivais que de mes rêves

La vie était un jeu de rôle

Que je jouais avec mes frères

Puis tous les anges et les démons

Se sont un jour bien réunis

Pour marcher sur notre route

Celle qui habite notre vie

Le fantôme de l'amour

Comme un souffle est parti

Quand j'ai vu que notre monde

A très grands pas se ternit

Et si la terre tourne à l'envers

Je crois que les esprits aussi

Si ce n'est pas vraiment l'enfer

Ca lui ressemble beaucoup ici

Qui a brisé mes songes et mes rêves

De ce doux monde qui était si beau

Toi qu'est en haut et qui voit notre terre

Qui a crée ce grand fourbi ?

J'AIME

J'AIME

J'aime à te caresser aussi bien que t'embrasser

Nous sommes là tous les deux tendrement enlacés

Je veux prendre le temps que notre amour progresse

Auprès de ce grand feu danse le mot tendresse

Les bulles de champagne te font encore rougir

Ou est-ce par l'amour que ton corps peut sourire

Est-ce de sentiments que ton cœur se réjouit

Sur un tapis de roses je veux passer la nuit

La caresse des mots sur ton corps si sage

Font que la première fois n'est jamais un outrage

Une perle de nacre de tes yeux est tombée

De ma main plus très sage je t'en fais un collier

Nicher tout contre toi nous parlons des enfants

Enfants que nous étions avant ce grand moment

Qu'on appelle l'amour quand on devient amants

Avec toi chaque jour je deviendrai plus grand

Nous vieillirons ensemble comme le font tous les couples

Les mots de l'habitude rempliront notre coupe

Que nous boirons tout seul sans voir les petits

Puis nous nous coucherons pour finir notre vie

LA LETTRE

Ecrite selon le principe de la chanson minute de cabaret : Le public donne des mots en vrac, et le temps qu'un autre artiste chante, le texte (avec les mots fournis inclus) et la musique sont faits. Celle-ci a été élaborée, selon le principe, avec la complicité de Francisco manuel.

LA LETTRE

A vous dirais-je ma maman

A quoi nous passons notre temps

Avec mon cousin Eugène

Sachez donc que ce phénomène

A inventé un jeu auquel nous jouons tous les deux sans

peine

Il m'emmène dedans les bois

Et il me dit déshabille-toi

Puis lorsque je suis nue entière

Il me fait coucher parterre

Et de peur que je n'aie froid il vient se coucher dessus

moi

Puis il me dit d'un ton très doux

Écarte un peu tes beaux genoux

Et là, la chose va vous faire rire,

Il m'embrasse ma tirelire

A vous en conviendrez maman il a beaucoup d'idée

vraiment

Puis il sort de je ne sais où

Un petit animal très doux

Une espèce de bête sans patte

Un petit rat un acrobate

Ah le joli p'tit rat d'ailleurs il vous le montrera ailleurs

Et c'est alors à ce moment

Que le jeu commence vraiment

Eugène prend sa petite bête

Et il la fourre dans une cachette

Qu'il a trouvé le beau farceur où vous situez mon p'tit

bonheur

Puis le cousin tout essoufflé

Me dit je l'ai enfin r'trouvé

Mon petit animal rebelle

Qui fait le beau devant les belles

Et puis tous deux nous rentrons le plus sagement à la

maison

Voilà donc ma chère maman

A quoi je passe tout mon temps

Vous voyez bien que je suis sage

Puisque je fuis les bavardages

Et que j'écoute vos leçons je ne parle pas aux garçons

LA STAR

Ellen Wander, ma charmante collaboratrice américaine, a décidé d'écrire des textes, elle a d'ailleurs une très belle plume, et elle a voulu s'en prendre à moi.

Cela m'a énormément touché et nous avons joué à l'inverse, c'est-à-dire que c'est moi qui ai traduit son texte mais la traduction est faite pour que la chanson soit chantée avec des erreurs, des fautes de français et avec un accent américain. Cette chanson est à chanter par une femme et est destinée à un homme. En l'occurrence c'était pour moi et je ne peux que remercier Ellen en mettant ce petit brin d'amour dans ce livre.

LA STAR

Tu me fais tout ton cinéma
Pourquoi, alors, au figurant ?
Tu incarnes pile poil le leading man
Je me contente d'être un extra

Je ne sais donner les bonnes répliques
Aux lignes que tu récites si bien
Les mots ne trouvent pas leur voix
Alors je ne dis trop rien

C'est ce vieux trac qui me guette
Qui me contraint à rester muette
Une peur bleue de monter sur scène
De peur que les critiques s'enchaînent

Mais quand enfin les rideaux ferment

Et quand tu es tout près de moi

Là où les paroles se taisent

se lit ce que j'ai à dire à toi

Nul besoin de souffler textes

Ni d'encourager tout bas

Là je te vole la vedette

Car là les mots ne comptent pas

Ellen WANDER

Traduit par l'auteur

JUST LIKE YOU

38 ans d'amitié, de collaboration et disons d'amour fraternel font que lorsqu'on vit à côté d'une star internationale qui a fait 60 millions d'albums on ne peut que lui rendre hommage. Je pense que les hommages doivent se rendre lorsque les personnes concernées, sont toujours de ce monde. Car un hommage à titre posthume ne sert à rien ou seulement à capter du fric pour les héritiers!

Alors restons propres rendons hommage aux artistes encore vivants quand ils en valent la peine!!!

Donc le titre qui suit, comme tous les titres que vous trouvez dans ce recueil et qui sont traduits en anglais par Ellen WANDER se retrouvent sur un CD hommage qui a été enregistré dans un studio de Nashville avec des musiciens du cru. Ce CD a pour titre "FOR THRE GREAT MEN" et qui remercie Joe Silver et Danyel Gérard pour tous ce qu'ils nous ont apporté au niveau de la country et en général de la musique. Souvenez vous que Danyel GERARD est le premier ROCKER français. Je ne vous cache pas que ça a été un honneur, pour moi, de les voir les yeux mouillés, me remercier simplement pour une toute petite chose qui s'appelle un CD hommage chanté par Rose ALLEYSON.

JUST LIKE YOU

That trademark hat of yours
sure has some tales to tell
slung low to hood your eyes
and shade the world as well
underneath the changin' skies

From standin' room only
to hazy one-night stands
keep crankin' up the pace
then move on with the band
never leavin' a trace

Cruisin' the countryside
from sundown to sunrise
in that shiny Corvette of yours

dreams along for the ride

Hindsight's twenty-twenty
now ya see inside your head
truths and lies and stories
some better left unsaid

So I have come this far
followin' a different star
strummin' on my guitar
just like you I'm a rebel too
singin' my own song

The world can go to hell
and me along with it
I'll travel down my road
on my one-way ticket
and let the piper pay

traduit par Ellen WANDER

JUST LIKE YOU

L'ombre de ton chapeau noir

Sur les routes du monde

Dans tes plus belles autos

A écrit ton histoire

Sans y mettre que des mots

T'as rencontré des femmes

Que t'as aimées qu'un soir

Souvent après le show

Elles étaient le miroir

D'une vie sans repos

Au soleil de tes nuits

D'une boite à la mode

Au plus chic des restos

T'as traîné tes santiags

Et tes rêves les plus beaux

Maintenant aujourd'hui

Tu peux vraiment écrire

Que toutes les vérités

Ne sont pas bonnes à dire

Alors je suis comme toi

Je suis aussi rebelle

Je reste dans mon ranch

Et je gratte ma guitare

Et ne fais que chanter

Je n'entends jamais le monde

Il peut me faire crever

J'avance sur la route

Sans jamais regarder

Par où je suis passé............

VERITE

VERITE

Quand je pose mon regard sur la vie, je ne vois que toi.

Est-ce l'amour ou la poésie qui me donne la foi

La foi de croire en nous, la foi de croire en toi

Si demain tu le veux notre amour sera loi

Le chemin de la vie ne peut nous apporter

Que ce que nos cœurs ont pu y semer

Alors si le bonheur envahit nos esprits

Nos deux âmes réunies souriront à la vie

Pour toi je peux bâtir un monde poésie

Tes désirs sont la flamme qui brûle ma vie

Un avenir sans ombrage peut renaître aussi

Sans mensonges et sans haine ce serait très joli

Amour en toi j'ai cru, et demain je croirai

Que deux êtres aussi près jamais se sépareraient

Si le destin me ment, alors pensons très fort

Que le sort de chacun a peut-être eu ses torts

Néanmoins je peux croire que nous deux

On peut penser très fort qu'il existe un vrai dieu

Pour les cœurs qui pleurent des larmes de sang

Et l'amour de ces âmes peut faire naître un enfant

Que je voudrais appeler simplement vérité

LE CHEMIN DE TA VIE

Rien à dire

                                Juste à regarder

Lire écouter le silence

                   Ou créer une musique dans sa tête

Laisser courir ses pensées.

LE CHEMIN DE TA VIE

Fais le chemin de ta vie

Regardes sans cesse vers demain

Le temps des "hier" est fini

Toi seule peux tracer ton destin

Prends les chemins de l'amour

Un cœur est souvent en chagrin

Ne crois plus jamais aux toujours

Tu peux pleurer seule des matins

Ma fille ton avenir est à toi

Ta joie est présente en tes mots

Te voir t'élever pas à pas

Me fais des grands froids dans le dos

Fais le chemin de ta vie

Regardes sans cesse vers demain

Ne crois plus jamais aux toujours

Tu peux pleurer seule des matins

alors

Fais le chemin de ta vie

Regardes sans cesse vers demain

Le temps des "hier" est fini

Toi seule peux tracer ton destin

METS DE L'AMOUR DANS TON CŒUR

Lors d'une interview on m'a demandé ce qu'était le moteur de ma vie. J'ai tout simplement répondu que cela ne tenait qu'en un mot : amour.

L'amour n'est en fait qu'un gribouillis qui traîne sur un papier pour celui qui écrit, ce n'est peut-être aussi qu'un bruit qui traîne dans une tête, dans un cœur, pour celui qui pense, celui qui aime. Mais cet amour a deux fonctions essentielles. Il permet d'avancer il peut vous faire aller très très loin, ce mot, mais c'est aussi une arme qui peut faire beaucoup, beaucoup de mal. Le mot amour, pour moi, est un poison qui fait beaucoup trop de dégâts parce qu'il est utilisé trop superficiellement. Il faut retourner à la sémantique et dans "amour" il y a âme.

METS DE L'AMOUR DANS TON CŒUR

Si tu observes le monde

Et tous ces gens qui tombent

Mets de l'amour dans ton cœur

Si tu vois un enfant

Qui pleure ses parents

Mets de l'amour dans son cœur

Et le monde...sera peut-être en paix...
Car ce monde...peut être aussi plus gai...
Pour toi...pour lui...la joie...la vie

Quand une vie s'éteint

C'est à force de chagrins

Et plus d'amour dans ce cœur

Que tu sois jeune ou bien trop vieux

Regardes au fond des yeux

Avec l'amour dans ton cœur

Et le monde...sera peut-être en paix...
Car ce monde...peut être aussi plus gai...
Pour toi...pour lui...la joie...la vie...oui la vie...

Ton mec est sorti de ta vie

Tu sombres dans l'ennui

Remets l'amour dans ton cœur

Par toutes les musiques aussi

Qui font danser tes nuits

Remets l'amour dans ton cœur

Et le monde...sera peut-être en paix...
Car ce monde...peut être aussi plus gai...
Pour toi...pour lui...la joie...la vie

Mets beaucoup d'amour dans ton cœur

Tant que tu le veux

Mets beaucoup d'amour dans ton cœur

Tant que tu le peux

Mets beaucoup d'amour dans ton cœur

Rends le monde heureux

Mets beaucoup d'amour dans ton cœur

MISTER JOE AND HIS DANCING HORSE

Le vrai cowboy texan l'homme, qui dressait les mustang, fils d'une indienne Cherokee et d'un émigré italien il débute sa carrière de chanteur country aux États-Unis auprès des plus grands. Envahi par le cafard de ses origines qu'il ne connaît vraiment pas du côté paternel, il décide de venir découvrir l'Italie. Il passe bien évidemment par la France y fait quelques concerts, cet homme si merveilleux "Joe Silver", le phénomène, le seul le chanteur country qui est capable de chanter sur son cheval tout en le faisant danser sans avoir le moindre hoquettement dans la voie.. Son appaloosa qu'il nomma "Toriano". Lors d'un de ses concerts en France ils rencontrent une femme fabuleuse et extraordinaire "Béatrice" qui lui fera acheter un ranch en Normandie où il a fait venir ses Harley, ses chevaux, tout ce qu'il possédait aux États-Unis. Finalement il a fait sa carrière en France.. Quelques incursions en Italie avec Béatrice. Mais amoureux de Béatrice de la France il nous a rempli de bonheur.

Puis, il nous quittera malheureusement bouffer par une sale bête qui l'a fait souffrir terriblement et qui nous a fait comprendre que même si l'on est un vrai cow-boy, un vrai dur, un véritable homme de ranch, on peut avoir beaucoup d'amour, de tendresse, on peut avoir la foi et une dimension humaine extraordinaire ce que tu avais "Joe" mon ami que je n'oublierai jamais.

MISTER JOE AND HIS DANCING HORSE

Good morning America, how are you

from up on your saddle your voice rang true

and prancin' to your songs was Toriano

as your fans cried out « Bravo !"

You sang all across the French countryside

you sang of America, bursting with pride

Texas rock and country tunes

a whiff of whisky, a taste of saloons

Thanks for every thing, Joe Silver
Your star will shine on forever
you proved to all with such great joy
there's an art to bein' a cowboy

Cowboy Attitude and Freedom Bound

kick up your heels to that western sound

with the Wonder Horse holding you high

your cowboy songs filled up the sky

Thanks for every thing, Joe Silver
Your star will shine on forever
you proved to all with such great joy
there's an art to bein' a cowboy

there's an art to bein' a cowboy
there's an art to bein' a cowboy

Yeah thanks Joe
there's an art to bein' a cowboy

traduit par Ellen WANDER

MISTER JOE AND HIS DANCING HORSE

"Good morning América how are you"
Toi le chanteur toujours debout
Ton cheval qui danse sur tes mots
Et le public qui dit "Encore", qui crie "Bravo"

Sur toutes les routes de France tu as chanté
Ton Amérique que t'as toujours aimée
Les airs country, le rock texan
Le vieux whisky et ton accent

Merci pour tout mister Silver
Ton étoile est d'or et non de fer
Avec grande joie tu as prouvé
Qu'être cowboy est un métier

"Cowboy attitude" and "freedom bound"

Claquent les tiags sur country sound

Et Toriano ton grand cheval

Avec ta voix enflamme les salles

Merci pour tout mister Silver
Ton étoile est d'or et non de fer
Avec grande joie tu as prouvé
Qu'être cowboy est un métier

Avec grande joie tu as prouvé
Qu'être cowboy est un métier
Avec grande joie tu as prouvé
Qu'être cowboy est un métier

Merci Joe
Avec grande joie tu as prouvé
Qu'être cowboy est un métier

MONTRE - MOI

Montre-moi fait partie des textes que j'ai écrits lorsque j'étais en colère contre ma vie. Cela fait parti de ma jeunesse rebelle, mais en fait lorsque je réfléchis cette rébellion ne m'a jamais quittée.

Aujourd'hui, je suis devant mon feu de bois et j'écoute mon passé qui me chante la douce chanson de la vie qui va s'arrêter. Alors il est vrai que d'une vieille valise j'ai sorti des milliers de textes que j'avais écrits. Certains ont vu le jour d'autres sont restés dans le noir de la valise fermée.

Alors je me permets, au travers de deux ouvrages (un poétique et l'autre plus chantant), de mettre à jour ses textes qui sont restés trop longtemps à dormir. Tous les textes peuvent être un jour mis en musique mais le premier ouvrage est un texte, dirons-nous, poétique (recueil qui est édité chez le même éditeur BOD)et qui s'appelle :

"ce que voit un cœur ce que dit une âme"

Dans ce recueil ci, vous trouverez d'autres textes qui dans ma tête étaient beaucoup plus chantant. Mais malheureusement, certains n'ont pas trouvé d'âmes-sœurs que l'on appelle Mélodies.

MONTRE - MOI

Montres-moi, montres-moi
Où est le chemin de ma vie ?
Où est le chemin de l'amour ?
Montres-moi, montres-moi
Je voudrais dire encore
Je voudrais dire toujours

Je suis devant demain

Et tous les chemins s'ouvrent

Devant un grand destin

Que personne ne trouve !

Des hommes font les lois

Le monde entier en crève

Je suis jeune et je crois

Qu'on a le droit aux rêves?

Montres-moi, montres-moi
Où est le chemin de ma vie ?
Où est le chemin de l'amour ?
Montres-moi, montres-moi
Je voudrais dire encore
Je voudrais dire toujours

Du haut de ma jeunesse

Je veux crier ma haine

Pour que le mot tristesse !

Devienne enfin je t'aime

Trop de sang a coulé

De partout dans le monde

Je veux pouvoir chanter

Je t'aime et à tout l'monde

Montres-moi, montres-moi
Où est le chemin de ma vie ?
Où est le chemin de l'amour ?
Montres-moi, montres-moi
Je voudrais dire encore
Je voudrais dire toujours

La paix peut revenir

Dans un monde parfait

Pour que notre avenir

N'ai pas un seul regret

FOR MY DAUGHTER

Juste beaucoup d'amour

Lorsque la souffrance me torture

Bien que tu sois grande,
cette douleur dure...

FOR MY DAUGHTER

Listen my daughter to the tale that I tell
Of a young boy who after bidding farewell
Decided to discover what the world had in store
New countries, new horizons and somuch more
Bundle on his back he marched straight ahead
Following the wind, to wherever it led

Listen my daughter, listen my daughter
Listen my daughter to the tale that I tell

On waking the next morning he was quite surprised
To find a beautiful fairy there at his side
Her name was Audrey, she said she wanted to stay
I'll keep you good company all along the way
So they hugged each other tight and sweetly they kissed
Then lay down in a field cloaked in the morning mist

Listen my daughter, listen my daughter
Listen my daughter to the tale that I tell

From now on we will travel life's path together
Guided by the stars and wind as one, forever
They'll show us the way to faraway lands we ignore
To such lovely lands as you've but dreamed of before
And on a piece of paper he began to draw
All the ways to say « love » that in his heart he saw

Listen my daughter, listen my daughter
Listen my daughter to the tale that I tell

They gazed up at the moon till they both were smitten
By a simple love poem that she had written
Then at the end of the road the two parted ways
their paths ne'er to cross again till the end of their days.

Listen my daughter, listen my daughter
Listen my daughter now the tale I did tell.

traduit par Ellen WANDER

FOR MY DAUGHTER

Ecoute petite je vais te raconter
Il était une fois un tout jeune garçon
Il partit sur les routes il voulait voyager
Il voulait voir le monde et d'autres horizons
Son sac sur le dos il partit droit devant
Sur la si bonne route que lui donnait le vent

Ecoute petite, écoute petite
Ecoute petite je vais te raconter

Le lendemain matin il fut tout étonné
De voir auprès de lui une si belle fée
Elle s'appelait Audrey ne voulut plus l'quitter
Je marche sur ta route pour t'y accompagner
Alors ils s'enlacèrent et se sont embrassés
Puis s'allongèrent dans l'herbe au beau milieu d'un pré

Ecoute petite, écoute petite
Ecoute petite je vais te raconter

Nous le ferons ensemble le chemin de la vie
Nous suivrons les étoiles et puis le vent aussi
Ils guideront nos pas nous emmèneront là-bas
Dans de joli pays que tu ne connais pas
Il prit un bout d'papier se mit à dessiner
Toutes les conjugaisons du simple verbe aimer

Ecoute petite, écoute petite
Ecoute petite je vais te raconter

Ils regardèrent la lune et se laissèrent tomber
Sur un poème d'amour qu'elle avait composé

PONT

Puis au bout de la route ils se sont séparés
Pour ne plus jamais sans doute encore se rencontrer

Ecoute petite, écoute petite
Ecoute petite je te l'ai raconté.

QUESTION

Le mal d'aujourd'hui est que l'être souffre de ne pas avoir de réponse à ses questions.

Chez tout le monde la question pourquoi est présente, ensuite on ne sait pas pourquoi quoi, ceci, cela, tout s'additionne. Nous passons en revue toutes les photos de notre vie, ou les photos de la vie des autres tout en continuant ce questionnaire du pourquoi ci pourquoi ça.

Mais le constat fait que rien ne changera puisque face au pourquoi il n'y a absolument pas de réponse. Donc rien ne modifiera l'avenir où le chemin de la personne si elle n'est pas consciente de sa propre situation.

Si ce n'est pas elle-même qui prend la décision de sortir du monde, du contexte où de l'environnement dans lequel elle s'est enfermée , elle n'en sortira jamais.

Aucune personne ne peut prendre la décision ou l'initiative de changer le chemin de qui que ce soit. Trop souvent les psychologues de coins d'rues, les guérisseurs d'âmes perdues, tombent, avec leurs soi-disant patients, dans le monde ou le marécage dans lequel ils se sont perdus.

GOOD JOB !!!

QUESTION

Pourquoi user tes bottes sur la route de ta vie

Si tu crois que l'bonheur ne se trouve pas ici

Pourquoi râper tes jeans dans ta bagnole assis

Comme un dealer qui frime dans son monde trop pourri

Tu croises encore ma route sans jamais te tourner

Même si la flamme d'un doute venait à te frôler

Tu croises encore ma route sans jamais te tourner

Même si la flamme d'un doute venait à te frôler

Pourquoi trouer tes ch'mises au labeur de chaque jour

Si l'histoire de ta vie ne t'apporte plus d'amour

Pourquoi frapper ta tête sur le mur d'la connerie

Si l'arbre de la fête ne te donne plus de fruit

Tu croises encore ma route sans jamais te tourner
Même si la flamme d'un doute venait à te frôler
Tu croises encore ma route sans jamais te tourner
Même si la flamme d'un doute venait à te frôler

PONT MUSICAL

Tu croises encore ma route sans jamais te tourner
Même si la flamme d'un doute venait à te frôler
Tu croises encore ma route sans jamais te tourner
Même si la flamme d'un doute venait à te frôler

Pourquoi user tes bottes sur la route de ta vie

Si tu crois que l'bonheur ne se trouve pas ici

Pourquoi frapper ta tête sur le mur d'la connerie

Si l'arbre de la fête ne te donne plus de fruit

Tu croises encore ma route sans jamais te tourner

Même si la flamme d'un doute venait à te frôler

Tu croises encore ma route sans jamais te tourner

Même si la flamme d'un doute venait à te frôler

Pourquoi trouer tes ch'mises au labeur de chaque jour

Si l'histoire de ta vie ne t'apporte plus d'amour

Pourquoi briser ton cœur à essayer d'aimer

Si le feu de la haine ne fait que tout brûler

Tu croises encore ma route sans jamais te tourner

Même si la flamme d'un doute venait à te frôler

Tu croises encore ma route sans jamais te tourner

Même si la flamme d'un doute venait à te frôler

C'EST MOI

C'EST MOI

Un beau matin un peu paumé

L'train d'mon enfance m'a emmené

Sans me rendre compte je suis parti

Sur un chemin qu'on nomme vie

A la station adolescence ils m'ont souri

Et dit qu'la vie c'est sans souci

Et si la vie comme l'amour n'était qu'un jeu
Fait de tricheurs et puis d'envieux
Moi je regarde vers le haut
Et je bannis ce qui est faux
Je crois qu'le ciel est encore bleu
Et fait encore briller des yeux

J'ai traversé des plaines sans tâche

Et des amours sans plus d'attache

Toutes les pommes j'les ai croquées

Et sans jamais me rassasier

Mais le chemin tranquille des beaux jours

M'a demandé vers quoi je cours

Et si la vie comme l'amour n'était qu'un jeu
Fait de tricheurs et puis d'envieux
Moi je regarde vers le haut
Et je bannis ce qui est faux
Je crois qu'le ciel est encore bleu
Et fait encore briller des yeux

J'ai compris que l'horizon brillait

Pas un destin ne se montrait

Avec ma guitare comme un gipsy

J'ai bien chanté toutes les nuits

Sur les routes j'ai tracé mon chemin

Sans que n's'arrête ce sale destin

Et si la vie comme l'amour n'était qu'un jeu

Fait de tricheurs et puis d'envieux

Moi je regarde vers le haut

Et je bannis ce qui est faux

Je crois qu'le ciel est encore bleu

Et fait encore briller des yeux

Pour Marilyn ou Marylou

J'ai tout donné et je suis fou

La solitude m'a envahi

Et vers la vie je suis r'parti

Dans le dessin d'un bel amour

Je ne crois plus au mot toujours

Et si la vie comme l'amour n'était qu'un jeu
Fait de tricheurs et puis d'envieux
Moi je regarde vers le haut
Et je bannis ce qui est faux
Je crois qu'le ciel est encore bleu
Et fait encore briller des yeux

Le mensonge, sur mon demain, s'est invité

Même si aucun train, là devant moi, s'est arrêté...

UNE MUSIQUE DANS MA TETE

Une musique dans ma tête est un refrain qui tourne tout le temps, tout le temps, tout le temps dans ma tête. Ce refrain m'a emmener, au fil du temps, d'amour en amour, de belle en belle pour des amours plus ou moins éphémères. Chaque amour que j'ai vécu à toujours été, pour moi, une mélodie du bonheur quel que soit le temps qu'il dure. A l'intérieur de moi tout ces échanges corps à corps étaient bercés chaque fois par un instrument différent. Jusqu'à ce que je rencontre le véritable amour, l'amour de ma vie, le bonheur que j'attendais depuis toujours et depuis j'entends tout un orchestre symphonique que je ne peux poser sur une feuille de papier.

UNE MUSIQUE DANS MA TETE

Une musique dans ma tête
M'appelle à toi, me dit reviens
Une musique dans ma tête
Pénètre en moi comme un refrain

Le son de flûte va au poète

Comme diamant dans son écrin

Une mélodie parfum champêtre

Dessine ton corps sur parchemin

Une musique dans ma tête
M'appelle à toi, me dit reviens
Une musique dans ma tête
Pénètre en moi comme un refrain

Couche d'amour, tambour en fête

Perle mon cœur contre ton sein

Comme fantasme, sonne trompette

Les mots de lune forment dessin

Une musique dans ma tête
M'appelle à toi, me dit reviens
Une musique dans ma tête
Pénètre en moi comme un refrain

Ambiance de rythme, tourne la tête

Rayons de son soudain s'éteint

Lit de rosée couche mon être

Pour que poète reste serein

Une musique dans ma tête
M'appelle à toi, me dit reviens
Une musique dans ma tête
Pénètre en moi comme un refrain

Frêle solo de clarinette

Mais larmes saignent en puritain

Fermer la page derrière claquettes

Acte d'amour pour un clavecin

Une musique dans ma tête
M'appelle à toi, me dit reviens
Une musique dans ma tête
Pénètre en moi comme un refrain

BEBERT

Le malheur d'hier fait encore des ravages aujourd'hui !!!

L'amour de son prochain est une telle vérité alors je pense, que demain beaucoup d'être vont crevés.

BEBERT

Bébert le pauvre chantait le soir
Comme il est pauvre, il est clochard
Bébert le pauvre chantait l'amour
Près de la Seine la nuit le jour

Seul sur un banc, il voit passer

Les besogneux toujours pressés

Lui, sa bouteille est sa compagne

Pour une pièce, il fait campagne

Bébert le pauvre chantait le soir
Comme il est pauvre, il est clochard
Bébert le pauvre chantait l'amour
Près de la Seine la nuit le jour

Dans le métro dès le matin

Aux parigots, il tend la main

Les ponts d'Paris sont sa masure

C'est dessous eux qu'il se rassure

Bébert le pauvre chantait le soir
Comme il est pauvre, il est clochard
Bébert le pauvre chantait l'amour
Près de la Seine la nuit le jour

Dans ses haillons presque en lambeaux

Devant les dames il fait le beau

Son petit chien toujours derrière

Pour l'amuser il jette la pierre

Bébert le pauvre chantait le soir
Comme il est pauvre, il est clochard
Bébert le pauvre chantait l'amour
Près de la Seine la nuit le jour

Bébert le pauvre un soir trop saoul

Ne fût pas là au rendez-vous

Son chien tout seul attend assis

Bébert la cloche des longues nuits

Bébert le pauvre chantait le soir
Comme il est pauvre, il est clochard
Bébert le pauvre chantait l'amour
Près de la Seine la nuit le jour

Bébert le pauvre a bien vécu

Son petit chien ne l'attend plus

Bébert le pauvre a trop aimé

Sa tendre amie qui l'a tué.

LE CHANTEUR A VIEILLI

À ce moment du livre il m'est totalement interdit de ne pas laisser une page d'histoire se poser.

A l'époque de l'écriture de cette chanson je vivais à Chatou , paisible localité des impressionnistes, et juste en face de moi dans la maison de l'autre côté de la rue deux personnages fantastiques se sont liés d'amitié avec votre serviteur. il s'agit de René et Michou ISKIN. René et Michou m'ont fait une surprise qui restera gravée en moi toute ma vie : L'invitation d'un soir à l'apéritif en me disant viens avec ta guitare on va faire une petite soirée musique. Je me suis donc exécuté mais ma plus grande stupeur fut que lorsque Michou ouvrit la porte après que j'eu sonné, je vis un gaillard (le reflet fidèle de l'image de René), assis à la table la guitare sur les genoux qui se leva vint vers moi et me dit "salut Franck" je te trouve jeune mais en face de toi le chanteur a vieilli. Cette phrase m'a énormément touché et René, qu'est un ami, m'avait jamais fait partager son secret si bien caché depuis les années 40.

Le fameux chanteur qui a vieilli s'appelle tout simplement Georges Brassens. Des soirées tous ensemble Georges, René et moi, il y en eu quelques unes, mais cela fut bien trop court parce que Georges est parti trop vite. Avec René on a continué, quelques soirées par-ci, par-là, à chanter et c'est ce qui restent dans ma tête qui est écrit ici. Lorsque, maintenant, je me trouve seul devant une chaise vide j'assois la mémoire de Georges qui nous a à jamais quitté. René nous a quitté aussi et je suis seul parti loin du tumulte parisien mais toujours habité de ma mémoire positive d'êtres merveilleux que j'ai eu le bonheur de côtoyer. Pour planter le décor je vais me permettre de sortir une publication de :

Georges Brassens – Premières chansons (précisions)

Préambule : *à la parution du livre « Georges Brassens – Premières chansons (1942-1949) » , un petit débat s'est ouvert sur la mention « inédits ». Avec un commentaire un peu chafouin qui méritait éclaircissement. Et un commentaire qui méritait la remise en ordre chronologique de ces « découvertes »*

D'où un long entretien téléphonique avec Jean Paul Liégeois, le 3 Avril, et un message à Yves Uzureau, qui

reprend par écrit ce que m'a dit Jean-Paul Liégeois
sur la situation actuelle de ces « inédits », avec
quelques infos en complément qui resteront « inédites »
pour le moment.
Amis de la précision, voici l'histoire de ces chansons
retrouvées, écrite par Yves Uzureau. A vous de voir. (
NG)

Un déjeuner à Chatou

Un titre qui résonne comme celui d'un tableau
d'Auguste Renoir… « *L'histoire de ces chansons de*
jeunesse commence » – en ce qui me concerne – un
dimanche d'avril 1999. Je ne l'ai jamais racontée de
manière publique, la voici livrée ici pour la première
fois.

René Iskin et Gibraltar, avec lesquels j'entretenais des
relations amicales depuis mon passage à Bobino deux
ans auparavant, me donnèrent un jour rendez-vous chez

René dans sa maison de Chatou pour un déjeuner dominical en compagnie des femmes respectives dont nous étions les maris… Nous nous étions déjà retrouvés de nombreuses fois autour d'une table mais il régnait ce jour-là une ambiance empreinte d'une joie et d'une bonne humeur particulières : le soleil qui brillait fort ce midi, peut-être ? Bien sûr, comme d'habitude, il y fut question de celui qui nous réunissait tous, et Gibraltar et René, en complices de la première heure, ne manquaient pas d'anecdotes à raconter.

Il y fut question, au détour d'une réflexion savamment orchestrée je pense, d'un sujet dont j'ignorais tout à l'époque : les chansons que René avait mémorisées au STO et dont il se souvenait encore 56 ans après avec une précision inouïe. À ce titre et sur ce sujet précis, René était le seul à posséder ce trésor d'Ali Baba des toutes premières chansons de son ami. Certes, Brassens avait bien déposé ses textes à la SACEM mais pas les musiques. Seule la mémoire intacte de René faisait depuis office de tabernacle.

C'est juste après le dessert, au moment de servir les cafés, que l'événement inattendu que je m'apprête à décrire se déroula… Alors que Michou, la femme de René, déposait les tasses sur la table, René qui avait discrètement disparu un instant revint avec dans les yeux un éclair de malice et en main un cahier sur la couverture duquel on pouvait lire : Chansons de Basdorf. De son côté, Gibraltar, tel un magicien sortant un lapin de son chapeau, déposa au milieu de la table un enregistreur à cassettes dont il enfonça d'un index de connaisseur la touche « record ».

Durant une heure et demie, le temps de la durée de la cassette, René, debout devant la table, égrena une à une les chansons du carnet en illustrant sa démonstration de quelques commentaires et anecdotes.

Le tableau se précisait… Ce n'était pas du Renoir mais du Brassens ! Je tombais littéralement des nues, découvrant ainsi de première main l'histoire de Basdorf, du STO, des chansons de jeunesse et des amis de Brassens.

Au claquement caractéristique indiquant la fin de la bobine… Gibraltar, qui s'était improvisé pour l'occasion régisseur en chef, éjecta la cassette du magnétophone. Il y eut un moment de flottement… René et Pierre me fixèrent d'un air entendu. Pierre me tendit la cassette et j'entendis : « *Tiens, c'est pour toi.* »

Je compris instantanément que deux amis intimes de Brassens venaient de me faire un cadeau d'une valeur inestimable et ce n'est pas le ciel qui m'est tombé sur la tête à cet instant mais le soleil tout entier qui s'est engouffré dans mes veines.

Bien entendu, par la suite, j'ai exploré avec l'application d'un archéologue ces précieux enregistrements a cappella de René et effectué moi-même un premier relevé des harmonies de la plupart des chansons.

C'est en 2002, afin d'apporter une suite logique à cette belle histoire, que j'ai proposé à René de produire et enregistrer le disque « *René chante Georges* », chez moi dans mon propre studio. Il me semblait que le premier interprète de Brassens qu'il était méritait bien à son tour un disque.

Par la suite et jusqu'à la fin de sa vie j'invitais régulièrement René, durant mes spectacles, à venir interpréter en public, accompagné par mes musiciens et moi-même, l'une ou l'autre des chansons de « son » disque ! Dire que René était heureux serait un pâle euphémisme…

Puis en 2003 ces mêmes enregistrements du CD René chante Georges furent distribués avec un nouveau livret sous le titre « *Retour à Basdorf* » par la société Productions spéciales.

Enfin, en 2004, René et Jean-Yves Vincent sont venus chez moi enregistrer « *De Basdorf à Florimont* ».

Voilà pour ce qui est de mon historique personnel.

En ce qui concerne les musiques des chansons du disque « *Pensez à moi* », coédité en 2011 par Télérama et la Cité de la musique à l'occasion de l'exposition « ***Brassens ou la liberté**** », interprétées entre autres par François Morel, je précise que ce ne sont pas celles de Georges Brassens, elles ont été signées pour l'occasion par Olivier Daviaud.

Les six chansons que je chante sur le CD accompagnant « *Georges Brassens – Premières chansons (1942-1949)* », qui vient de paraître aux éditions du Cherche Midi sous le contrôle de l'excellent Jean-Paul Liégeois, sont au plus près des textes de Brassens déposés par lui-même à la société des auteurs dans les années 1940 et au plus près des musiques que m'ont confiées René Iskin et Pierre Onténiente ce beau dimanche d'avril 1999, impressionniste et ensoleillé de Chatou.

D'autres musiques encore, correspondant à d'autres textes de ce livre, figurent sur la cassette en ma possession.

L'avenir de ces chansons appartient à M. Serge Cazzani seul, gardien du temple.

Bien amicalement,

Yves UZUREAU

VOTRE SERVITEUR

RENE ISKIN

LE CHANTEUR A VIEILLI

Assis sur une chaise
La guitare sur les genoux
Il sait vous mettre à l'aise
Quand il chante c'est pour vous

Il part en rêverie

Sur les airs de la vie

Son regard vous décrit

Que vous êtes son ami

Assis sur une chaise
La guitare sur les genoux
Il sait vous mettre à l'aise
Quand il chante c'est pour vous

Le chanteur a vieilli

Il a peur d'être seul

Alors passe l'oubli

Il a mal et il gueule

Assis sur une chaise
La guitare sur les genoux
Il sait vous mettre à l'aise
Quand il chante c'est pour vous

Et votre oreille se pose

Au coin de sa guitare

De Brassens il vous cause

Et alors il repart

Assis sur une chaise
La guitare sur les genoux
Il sait vous mettre à l'aise
Quand il chante c'est pour vous

De chansons en paroles

L'auditoire dit assez

Les bourgeois et les folles

L'ont bien fait s'arrêter

Assis sur une chaise
La guitare sur les genoux
Il sait vous mettre à l'aise
Quand il chante c'est pour vous

Trop touché dans son être

Le chanteur a cessé

De porter les poètes

Chez les gens bien élevés

Assis sur une chaise
La guitare sur les genoux
Il sait vous mettre à l'aise
Quand il chante c'est pour vous

Maintenant le chanteur

Chante tout seul chez lui

Il a posé son cœur

Sur sa guitare qui crie

Assis sur une chaise
La guitare sur les genoux
Il sait vous mettre à l'aise
Quand il chante c'est pour vous

Mais pour moi un matin

Il a repris sa voix

Et tous deux en copains

Demain on chantera

Assis sur une chaise
La guitare sur les g'noux
Nous s'rons deux très à l'aise
Qui chanterons que pour vous

LE VRAI BONHEUR EXISTE

LE VRAI BONHEUR EXISTE

Le vrai bonheur existe, moi je l'ai rencontré
Un matin dans mon cœur, il s'y est baladé
Egaré de sa route, il a cru se noyer
Dans des larmes de doute, que mes yeux ont versées

Tout seul parmi la foule, assis là il guettait

Les gens passaient devant, jamais ne s'arrêtaient

Alors petit bonheur, n'avait plus l'air très gai

Du fond de son vieux sac quelques notes il sortait

Le vrai bonheur existe, moi je l'ai rencontré
Un matin dans mon cœur, il s'y est balade
Egaré de sa route, il a cru se noyer
Dans des larmes de doute, que mes yeux ont versées

Le soir, je le voyais, mais ne sus l'écouter

Pourtant mes yeux hagards, ne pouvaient le quitter

La force de son regard avait su m'accrocher

Alors comme par hasard avec lui j'ai chanté

Le vrai bonheur existe, moi je l'ai rencontré
Un matin dans mon cœur, il s'y est baladé
Egaré de sa route, il a cru se noyer
Dans des larmes de doute, que mes yeux ont versées

Puis le petit bonheur, dans la nuit a marché

Je le pris contre moi pour mieux le réchauffer

Alors tout doucement nous nous sommes endormis

Sur un tapis de mousse, je lui ai fait son lit

Le vrai bonheur existe, moi je l'ai rencontré
Un matin dans mon cœur, il s'y est baladé
Egaré de sa route, il a cru se noyer
Dans des larmes de doute, que mes yeux ont versées

Maintenant par chez moi, si un jour vous passez

Vous y verrez sans doute un grand feu allumé

Petit bonheur et moi, on passe nos soirées

A écrire des poèmes et puis à les chanter

Le vrai bonheur existe, moi je l'ai rencontré
Un matin dans mon cœur, il s'y est baladé
Egaré de sa route, il a cru se noyer
Dans des larmes de doute, que mes yeux ont versées

Vous qui pleurez sans cesse ou qui avez trop froid

Cherchez "petit bonheur" vous le trouv'rez comme moi

Tous les soirs avec lui, vous f'rez de belles chansons

Et plus jamais la pluie salira l'horizon.

Le vrai bonheur existe, moi je l'ai rencontré
Un matin dans mon cœur, il s'y est baladé
Egaré de sa route, il a cru se noyer
Dans des larmes de doute, que mes yeux ont versées

ENFANT NATURE

ENFANT NATURE

Sous un pommier dort l'enfant
La nuit est longue quand on attend
La lune le couvre avec amour
Enfant nature rêve toujours

Ses yeux voient tout, son cœur n'sait pas

Que vie d'amour n'existe pas

Depuis longtemps, depuis l'école

Il a couru les idées folles

Lisant Prévert ou bien Rimbaud

Pour lui les vers étaient cadeaux

De grandes balades sur les sentiers

Dessinent nature, le font rêver

Sous un pommier dort l'enfant
La nuit est longue quand on attend
La lune le couvre avec amour
Enfant nature rêve toujours

Son corps répond, quand on l'agresse

Son cœur est bon, plein de tendresse

Vers d'autres enfants, va son chemin

Ses illusions sont tout son bien

Devant chaque jour ses mains se tendent

Vers un amour qu'il ne peut prendre

Alors le soir, il va s'coucher

Couvert de lune sous son pommier

Sous un pommier dort l'enfant
La nuit est longue quand on attend
La lune le couvre avec amour
Enfant nature rêve toujours

En grandissant dans l'aventure

Enfant nature soigne ses blessures

Que tous les gens de société

Lui avaient fait sans y songer

Où est le temps des grands tournois

Sous ton armure protèges-toi

Belles princesses n'existent plus

Le temps du stress est revenu

Sous un pommier dort l'enfant
La nuit est longue quand on attend
La lune le couvre avec amour
Enfant nature rêve toujours

Soudain l'enfant s'est éveillé

Une belle pomme vient de tomber

Timidement ouvre les yeux

C'est un présent, cadeau de Dieu

L'enfant nature essuie une larme

Car de la pomme est sortie femme

Femme de rêve, tendresse en soi

De sa tristesse, fait naître joie

Sous un pommier pleure l'enfant
Dans le matin, il est content
La femme câline enfant nature
Monde de rêve fait le futur.

POUR TOI L'ARTISTE :

"THE MAN WITH THE BLACK HAT"

Pour toi l'artiste qu'a su garder
Amour enfant à tes côtés.

Tu chantes fort pour la jeunesse
La femme enfant tient ses promesses.

POUR TOI L'ARTISTE

De Marylin à Marie-Lou
Le cœur en fête, cheveux dans l'cou
Tu grattes les cordes de ta guitare
Adolescente elle te regarde

Après le show, tu jettes un froid

Avec deux mots, elle est à toi

Et sur son corps tu poses la rime

D'un tendre amour qu'elle imagine

De Marylin à Marie-Lou
Le cœur en fête, cheveux dans l'cou
Tu grattes les cordes de ta guitare
Adolescente elle te regarde

Nuit de tendresse peut commencer

Tes sentiments l'ont dévoilée

Sa nudité git sur ta couche

Vers ton baiser elle tend sa bouche

De Marylin à Marie-Lou
Le cœur en fête, cheveux dans l'cou
Tu grattes les cordes de ta guitare
Adolescente elle te regarde

Vos corps se mêlent, amour ébats

Elle pleure, elle rit entre tes bras

Puis au matin, au petit jour

Elle veut encore te faire l'amour

De Marylin à Marie-Lou
Le cœur en fête, cheveux dans l'cou
Tu grattes les cordes de ta guitare
Adolescente elle te regarde

Tu rêves un peu, et tu souris

C'est sa jeunesse que tu as pris

Pince son cœur de tes chansons

La fille jeune est ta passion

De Marylin à Marie-Lou
Le cœur en fête, cheveux dans l'cou
Tu grattes les cordes de ta guitare
Adolescente elle te regarde

Si maintenant elle est une femme

C'est que tu sais forger les âmes

A coups d'amour et de passions

Toutes tes rimes ont des raisons

De Marylin à Marie-Lou
Le cœur en fête, cheveux dans l'cou
Tu grattes les cordes de ta guitare
Adolescente elle te regarde

Tes amitiés tu garderas

Aucun ami ne te fuira

Car de l'amour tu sais parler

Sous ton sourire, il est caché.

LE PETIT ANE

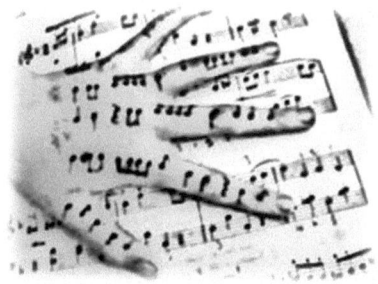

Une nuit au clair de lune, je me balade tranquillement, main dans la main avec une belle jeune fille qui a décidé de m'offrir ses sentiments. Nous marchons tout en regardant un sous-bois qui nous tendait les bras. Nous nous sommes assis au pied d'un arbre, le clair-obscur de la nuit tamisait nos regards, et dans quelques folies nous sommes partis. A vous de deviner qui ou quoi est le petit âne et qu'elle balade a-t-il bien pu entreprendre ?

LE PETIT ANE

Par une nuit un peu osée

Le petit âne a pris la route

Par le contexte émerveillé

Il découvrit sans aucun doute

Timide sur une sente inconnue

Monde de rêve il voulut voir

Ses pattes frêles ont reconnu

Chemin d'amour nommé espoir

Tout doucement il arpentait

La suave montée vers les vallons

A grandes secousses son cœur battait

Prémices vécus d'une émotion

Un détour lent il entreprit

Pour contourner ce mont tendresse

A bout de souffle il découvrit

Le sommet ferme d'une jeunesse

Il laissa là son escalade

Et repartit en zigzaguant

Sur les sentiers du nom balade

Qu'ont découvert tous les amants

Allure alerte mais bien fragile

Il fut saisi d'un lourd pincement

Son cœur soudain devint fébrile

Il respirait très lourdement

Une large plaine au clair de lune

Lui fit un lieu d'hébergement

Le petit âne a fait fortune

En se promenant au firmament

J'AI VU LA LUNE SOURIRE

J'AI VU LA LUNE SOURIRE

J'ai vu la lune, la lune sourire

Tout doucement, aux cœurs ouverts

Monde de rêve ne peut mourir

Puisque musique cerne Prévert

J'ai vu la lune, la lune sourire

C'était demain, ce s'ra hier

Pour une flûte qui veut tout dire

A quelques mots comme misère

J'ai vu la lune, la lune sourire

A des regards qui se croisaient

Mais qui ne purent jamais s'unir

Car en fausses notes ils se peignaient

J'ai vu la lune, la lune sourire

Devant un vieux encore enfant

Que la jeunesse a fait revivre

En lui offrant ses sentiments

J'ai vu la lune, la lune sourire

A une feuille de partition

Qui,

La la la

J'ai vu la lune, la lune sourire

Mais c'est l'image d'une émotion

LE MASQUE

LE MASQUE

Dans la vieille auge encore blanchie

La douce main d'un geste sage

Dessine en petits clapotis

Tendre naissance d'un visage

De l'expression encore si dure

Dominent pâleur et peu d'amour

Le demi-masque a fière allure

De sa naissance il voit le jour

Droit vers le ciel il se retourne

Un bel oiseau vint à passer

D'un vif regard il se détourne

Et quelques plumes laisse tomber

Sur le visage elles sont posées

En un ballet à peine visible

L'enfant admire se composer

Son travesti presque lisible

Il part en songes en rêveries

Ce masque-là sera pour lui

En animal sera sa vie

Fini le mal des jours de pluie

Pont musical

Puis tombe la nuit grandeur sommeil

Le masque repos s'est endormi

L'enfant inquiet soudain s'éveille

Son compagnon n'a plus de vie

Sachez enfants quand vient le rêve

Les plus grandes joies deviennent peines

D'un si beau masque, d'une main d'orfèvre

Reste l'amour et non la haine

DESSIN D'UN SOIR

DESSIN D'UN SOIR

C'est une vieille maison

Qui cache mes pensées

Un gros arbre grognon

Se repose à coté

Dans cette vieille maison

Je me plais à rêver

Auprès d'un vieux chaudron

Tu viendras m'écouter

Pour cette vieille maison

Tes mains ont travaillé

Du bout de ton crayon

Tu me l'as dessinée

Maintenant dans mon cœur

Elle est déjà posée

Maison pour le bonheur

Tu viens d'imaginer

Dans cette vieille maison

Nous y ferons du feu

Afin que les brasons

Illuminent tes yeux

Auprès de la maison

La mer reflète la lune

Dans le plus grand frisson

S'éloigne ma rancune

Sur le chemin tournant

Mon âme se promène

Ton linge tout en séchant

Me conte ses fredaines

Le soleil du jour

Chauffera le jardin

Secret de notre amour

Cette maison détient

REVE D'UN SOIR

Ce texte a été écrit pour lutter contre des ombres et des images très sombres qui brouillaient mon endormissement. Alors cette femme au cœur noir, vêtue d'une cape et qui n'a même plus la peau sur les os puisqu'elle n'a que les os sous cette cape. Cette femme me propose ces faveurs très souvent au moment où je plonge dans un sommeil qui devrait être merveilleusement poétique et qui est malheureusement assez morbide. Oui vous l'avez compris cette femme enfant au cœur noir n'est tout simplement que la mort qui m'invite et me propose ses charmes.

En a-t-elle vraiment ?

REVE D'UN SOIR

Rêve d'un soir
Folie d'antan
Femme au cœur noir
Tu es enfant

Enfant de lune

Enfant de songe

Berce rancune

Mon âme sombre

Je vois la vie

Je vois l'amour

Je pousse un cri

Non et toujours

Sonate en mi

Ou bien en fa

Suis-je endormi

Ou es-tu là ?

Rêve d'un soir
Folie d'antan
Femme au cœur noir
Tu es enfant

Berce mon corps

De ta musique

Miséricorde

Est poétique

Fondu des ombres

Mélancolique

Unir deux nombres

Chant symbolique

Femme d'un soir

Enfant d'antan

Rêve au cœur noir

Reviens souvent

SOLEIL DE NUIT

SOLEIL DE NUIT

Soleil de nuit

Femme lointaine

Lune de jour

Voile les peines

Sur un chemin

Comme un enfant

En baladin

Il suit le vent

Puis une fleur

Emplit sa main

De son odeur

Parfum divin

Souffle de cimes

Murmures de joie

Sa main dessine

Pleurs de joie

Satin fripé

Femme tempête

Le cœur ridé

Vient le poète

Le petit âne

a bien vieilli

Près de ton âme

Il fait son lit

Sa dernière couche

L'a tant bercé

Que musique douce

L'a emporté

La mort dans l'âme

Il est parti

Le petit âne

Est endormi

Soleil de nuit

Vieille migraine

Lune de jour

Voile sa peine

LA BALADE DU SENTIMENT

Que dire de plus quand tout est dit dans la chanson.

De son délire affectif il ne faut pas s'évader. Dire que cela est surprenant alors qu'on ne voit rien venir. Regardez bien quelle est la balade d'un sentiment dans le regard d'une douce flamme. Et lorsque le sentiment s'enflamme c'est assez beau de le dire à une femme.... Mais en vérité est ce que cela arrive !?!?!?!

C'est une interrogation exclamative.

LA BALADE DU SENTIMENT

Un sentiment un beau matin

Avait fait fugue d'un cœur en fête

Il partit seul en baladin

Portant l'amour en amulette

Une douce flamme l'a tutoyé

En se coiffant à sa fenêtre

"Dans ta chaumière je veux entrer

J 'attends le cœur d'une pauvrette"

La douce flamme ouvrit la porte

Et entendit la longue histoire

Mais à la fin pour qu'il ne sorte

Devant la porte elle mit l'armoire

Le sentiment s'est embrasé

Frôlant de près la douce flamme

Puis sentiments à embrasser

Tendre pauvrette qui perdit l'âme

Ce doux refrain fut déclamé

Un soir pluvieux à une femme

Le narrateur a perdu pied

En se baignant dans une larme

Qui de la belle était tombée

Quand elle comprit qu'elle était flamme

Le sentiment je l'ai trouvé

Au fond des yeux de cette femme

Pour mon bonheur je l'ai caché

Dans un jardin qui est mon âme

Mais qui viendra le cultiver

SUR UN AIR DE VALSE

Comment vous parlez de Francisco Manuel le "Fernandel palois". L'homme avec qui j'ai tant écrit et composé de chansons. Que de souvenirs au Falstaff à Montparnasse, les nuits où nous chantions dans les restaurants et où nous finissions aux halles à faire des bœufs avec Georges Moustaki et d'autres faiseurs de textes. Nous en avions des souvenirs et des parties de rigolade ensemble. Francisco, cet homme si joyeux qui a fait parti des Branquignoles aux côtés de Robert Déry et Colette Brosset, comme tant d'autres est malheureusement parti seul. Nous étions quelques-uns à ses côtés, mais comme toutes les belles personnes peu de gens sont restés près de lui lorsque la douleur et la souffrance sont venues à sa rencontre. Et nous dirons :

c'est ça la vie.

"Pensées à toi l'ami"

SUR UN AIR DE VALSE

Pourquoi ne pas chanter
Pourquoi ne pas rêver
Sur un air de valse
Pourquoi ne pas chanter
Pourquoi ne pas rêver
De Montparnasse

Près de toi j'ai trouvé

Près de toi j'ai gardé

Mon enfance

Près de toi j'ai vécu

Près de toi j'ai tout vu

De la France

Avec toi j'ai chanté
Avec toi j'ai rêvé
Du temps qui passe
Avec toi j'ai chanté
Avec toi j'ai rêvé
De Montparnasse

Pourquoi vouloir partir

Pourquoi vouloir mourir

Pour ne pas m'aimer

Pourquoi me faire souffrir

Pourquoi me faire mourir

Pour ne plus m'aimer

Avec toi j'ai chanté
Avec toi j'ai rêvé
Du temps qui passe
Avec toi j'ai chanté
Avec toi j'ai rêvé
De Montparnasse

Une fleur épanouie

Sur le bord de mon lit

Oh oui j'y pense

Un p'tit cœur pour la vie

C'est deux cœurs réunis

Délivrance

Pourquoi ne pas chanter
Pourquoi, ne pas rêver
Sur un air de valse
Pourquoi ne pas chanter
Pourquoi ne pas rêver
De Montparnasse

Toi ma muse bien aimée

Pour toi je chanterai

Sur un air de valse

Si pour moi tu pouvais

Arrêter le couplet

Du temps qui passe

Pourquoi ne pas chanter
Pourquoi ne pas rêver
Sur un air de valse
Pourquoi ne pas chanter
Pourquoi ne pas rêver
De Montparnasse

MESSAGE

Une chanson écrite, avec des ados, lors d'un stage de comédie musicale. La comédie musicale était inspirée par des tableaux qui avaient été vus lors d'une visite au Puy-du-Fou. Les ados avaient décidé de faire un spectacle sur le thème des chevaliers, des princesses et de l'amour. Moi je me suis occupé personnellement de l'atelier texte. Je pense que ces ados (des années 1990), avaient encore des rêves qui étaient paisibles beaux et délicats.

Maintenant les ados ont des rêves beaucoup plus anxiogènes et ne baignent pas dans un optimisme débordant.

Je le regrette profondément !

MESSAGE

Un bel oiseau sur un balcon
Vient se poser
Une douce princesse tout en chanson
Lui a donné
Un long message pour un cœur
Déchiré
Message d'amour qu'elle n'a jamais
Avoué

Mon bel oiseau, porte vers lui

Ma tendresse pour la vie

Et dis-lui qu'une princesse

Ne veut pas qu'il s'en aille

Vers un monde sans amour

Et qu'à la mort il ne pense

Le printemps peut refleurir

Les beaux jours peuvent revenir

En chanson

Un bel oiseau sur un balcon
Vient se poser
Une douce princesse tout en chanson
Lui a donné
Un long message pour un cœur
Déchiré
Message d'amour qu'elle n'a jamais
Avoué

Dis à cet homme qu'un beau jour

Il verra enfin l'amour

S'approcher de sa tendresse

L'envie de vivre lui reviendra

Vers mon cœur tendront ses bras

Et nos corps feront la fête

Le printemps peut refleurir

Les beaux jours peuvent revenir

En chanson

MEDIEVAL

le Puy-du-Fou c'est en Vendée, tous les spectacles m'ont fait rêver. Quand je regarde tous les tableaux de ce musée si bien dressé, l'histoire me mène au temps des chevaliers et je me prends pour un Troubadour.

Je ferme les yeux puis je m'évade je laisse ma main courir sur le papier pour écrire toutes les images que ce spectacle m'a laissées.

Alors après quand je relis je pars aussi en rêverie et je me dis que ce temps-là nous faisait vivre beaucoup de joie. Les peines et les souffrances de nos ancêtres nous amènent les joies d'aujourd'hui et je crois qu'avec les comédies musicales, les enfants sont encore capables de rêver pour reconstruire un nouveau temps.

MEDIEVAL

Sur sa monture prince de lune

A fait chemin pour voir sa belle

Passant ruisseaux franchissant dunes

Il a croisé bien des rebelles

Vers le château la nuit l'entraine

Tout doucement à petits pas

Pour le repos d'une châtelaine

Il vient porter message du roi

Passent les jours, file ta laine
Petite enfant ton prince viendra
Passent les jours file ta laine
Un beau matin t'emmènera

Las de sa course il s'arrêta

Posa son corps sur lit de mousse

Puis sur son luth il composa

Chanson d'amour pour une douce

Ce bon repos ne put durer

Car un gros homme l'interpela

Que fais-tu là jeune étranger

Viens-tu causer quelques tracas ?

Passent les jours file ta laine
Petite enfant ton prince viendra
Passent les jours file ta laine
Un beau matin t'emmènera

Conduisez-moi près de la reine

Je porte message venant du roi

Il me faut voir la châtelaine

Ce doux billet parle de moi

Au grand salon toutes servantes

En le voyant baissaient les yeux

Car le beau prince d'allure ardente

Donnait l'image du merveilleux

Passent les jours file ta laine
Petite enfant ton prince viendra
Passent les jours file ta laine
Un beau matin t'emmènera

Devant la reine il fit courbette

Et le billet lui déposa

La reine sitôt fut stupéfaite

D'y voir en bas le sceau du roi

La châtelaine vint écouter

L'heureux message venant du roi

Des épousailles je veux parler

Déclame la reine à haute voix

Passent les jours file ta laine
Petite enfant ton prince viendra
Passent les jours file ta laine
Un beau matin t'emmènera

Jeune châtelaine vers d'autres mondes

Avec le prince tu t'en iras

Le roi a dit à tout son monde

Que prince de lune t'emmènera

La châtelaine versa des larmes

Elle vit enfin son bien-aimé

Prince de lune posa son arme

Tendit ses bras vers destinée

Passent les jours jeune châtelaine
Depuis l'enfance ton prince tu vois
Passent les jours jeune châtelaine
Ton prince est là il est à toi

SANS TOI

SANS TOI

Que c'est triste la ville

Quand je suis seul ici

Quand je suis loin de toi

Que c'est triste la nuit

Quand mon cœur est meurtri

Quand je suis loin de toi

Oui je vis à Paris

Et je n'ai pas d'amie

Et je suis sous les toits

Tout en bas dans les rues

Ce n'est qu'un grand chahut

Et je ne te vois pas

Alors je prends ma guitare

Et je me mets à boire

Puis j'écris des chansons

Qui me donnent l'image

De ton corps si sage

Oh mon Dieu que c'est bon

Qu'elle est belle la ville

Quand tu viens par ici

Quand tu es dans mes bras

La La La La

La

La

Alors je prends ma guitare

Et je me mets à boire

Et j'ai l'air d'un vrai con

Car tu n'existes pas -

Et tu ne viendras pas

Etre seul

Que c'est long

REFAIRE LE MONDE

Cette chanson a été écrite un soir de profondes tristesse et solitude. Ce sont des mots, des phrases et des images percutantes, inquiétantes et qui laissent sous-entendre que le monde ne sera pas vraiment très beau.

Nous avons tous voulus refaire le monde sur des comptoirs ou avec des groupes d'amis. Mais cela reste quand-même notre propre vision. Le monde de nos ancêtres n'est pas considéré si mauvais et peut encore nous apporter beaucoup d'amour si on sait le regarder. Je crois simplement qu'il faut savoir se rendre sourd lorsque certaines élites parlent. Que l'écoute avec les oreilles grandes ouvertes doit se faire auprès de la jeunesse qui regardece monde venu d'hier avec de l'amour, de la tendresse et surtout de la vérité.

REFAIRE LE MONDE

Comme tous les hommes toi tu veux refaire le monde

Les vieux comptoirs se souviennent de ce rêve sombre

Même les lumières dégagent toujours un peu trop

d'ombre

La guerre comme la haine n'aurait plus de raison

La terre elle-même rechercherait son horizon

Les rimes et les notes s'envoleraient des chansons

Si tu gommes les défauts de la vie de nos pères

Tous les étés brûlants s'habilleraient de l'hiver

Et les pendules du temps tourneraient à l'envers

La toile de notre amour que la vie à posée

Dans le musée des cœurs à jamais enlacés

Resterait pâle et blanche toute une éternité

L'avenir des enfants aurait un goût pétard

Les portes du paradis s'ouvriraient sur trop tard

Les lendemains se chercheraient dans le brouillard

Reste simplement au bon temps du toi et moi

Refaire le monde ce n'est peut-être pas pour toi

Ne m'oublies pas et reste toujours près de moi

PONT

Plutôt que de surfer sur le net ou le pas net

Toi tu râpes ou tu dérapes vers un monde inquiété

Et tous les maux des mâles honnêtes

Feront que plus rien ne pourra exister

VERS DEMAIN

VERS DEMAIN

La solitude ça me ronge parfois

Mais l'orage de la vie a couvert mon émoi

Le brouillard du futur qui voilait mon destin

Est parti dans le vent effaçant mon chagrin

Un regard un sourire, venus de ta présence

Ont réveillé en moi un amour d'enfance

Quand mon cœur vibrait pour un si beau cadeau

Et mon corps restait muet sans pouvoir dire un mot

Aujourd'hui toutes mes nuits se remplissent de toi

Ton image est présente et sans cesse avec moi

Pourquoi ne pas te dire ?

Pourquoi devrais-je mentir ?

Les éclairs du bonheur dansent dans mon âme

Je brûle d'un grand feu dont tu es toutes les flammes

Mes yeux pleuraient souvent

Mon être saignait dedans

Mais l'orage de la vie a planté un éclair

Comme si Cupidon revenait sur la terre

Peut-être que ces mots pour toi sentent la poudre

Mais pour moi ça s'appelle simplement le coup d'foudre

Aujourd'hui toutes mes nuits se remplissent de toi

Ton image est présente et sans cesse avec moi

Pourquoi ne pas te dire ?

Pourquoi devrais-je mentir ?

SI VOUS VOULEZ

Un petit clin d'œil à nos hommes politiques qui, aujourd'hui, font tout en paroles. Les jeunes ont eux l'envie, le désir d'entreprendre mais souvent ils sont ralentis par vous : Messieurs.

Leur avenir ne se présente pas tout à fait à l'image de leurs désirs. Ils sont condamnés au silence, obligés de subir les attentats, les mensonges et la peur. Il faudrait que vous pensiez aux autres d'abord et à vous ensuite, pour que demain soit toujours meilleur. Ils ont envie de bonheur, de repos, de sourire, d'amour et de paix. Alors Messieurs les politiques apportez-leurs !!!

SI VOUS VOULEZ

Si vous voulez que l'on vous aime

Messieurs les grands, soyez unis

La politique souvent se traîne

Devant les jeunes non avertis

Vous savez tout en vos paroles

Nous n'avons rien pour vous comprendre

On croit encore en nos idoles

On voudrait bien tout entreprendre

Mais pour vous suivre il faut entendre

Que parmi vous il y a des bons

Qu'ils soient de droite ou d'outre-tombe

Ne nous prenez plus pour des cons

Demain peut-être on marchera

Vers un avenir tout en couleur

Notre futur nous tend les bras

Vers un amour fait de douceur

Fini les guerres, les attentats

Pour nos enfants on veut la joie

La paix dans l'monde on a le droit

De vivre heureux et pourquoi pas

SUR MA ROUTE

SUR MA ROUTE

Un pick-up et une guitare

Pour le show du soir

C'est la vie que je me fais

Des saloons et puis à boire

Les danseuses dans l' noir

C'est ma vie et ça me plaît

Sur ma route
Je t'emmènerai
Sur ma route
Je te guiderai
Dans mes boots
J'suis bien et ça.... tu le sais

Sur la scène tu es venue

Je ne t'avais même pas vue

Le silence s'est installé

Dans ce bar tu dansais nue

Ame et corps perdus

Tu souffrais à en mourir

Sur ma route
Je t'emmènerai
Sur ma route
Je te guiderai
Dans mes boots
J'suis bien et ça.... tu le sais

Par un hymne venu d'ailleurs

Tu as fait vibrer mon cœur

Puis nos voix se sont mêlées

Je t'ais dit des mots d'amour

Et ton cœur pesait lourd

Quand je t'ai dit de partir

Sur ma route
Je t'emmènerai
Sur ma route
Je te guiderai
Sur ma route
Avec toi je resterai

ELYA

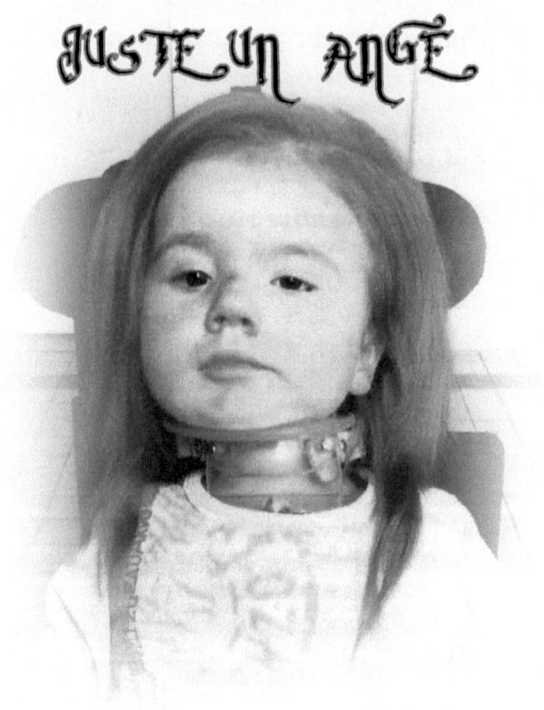

ELYA

Toi si bel ange

Tu es venu sur cette terre

Pour nous faire vivre

Tout c'que l'amour peut nous donner

Tu as su rire

Sans jamais dire que t'as souffert

Par ton courage

Tu nous as tous émerveillés

Pourquoi partir
Pourquoi partir
Pourquoi partir
Alors que l'on t'a tant aimer

Pourquoi partir
Pourquoi partir
Pourquoi partir
Alors que l'on t'a tant aimer

Si tes parents

Ton soutenu sans vaciller

Leur cœur est riche

De toute la force que t'as montrée

Si maintenant

T'as quitté ton père et ta mère

Au paradis

Tu vas pouvoir bien t'amuser

Pourquoi partir
Pourquoi partir
Pourquoi partir
Alors que l'on t'a tant aimer

Pourquoi partir
Pourquoi partir
Pourquoi partir
Alors que l'on t'a tant aimer

Et tous les gens

Qui sont restés sans pouvoir faire

Te garderont

En leur mémoire sans t'oublier

Toi si bel ange

Qui est venu sur notre terre

Au paradis

Tu vas pouvoir bien t'amuser

Pourquoi partir
Pourquoi partir
Pourquoi partir
Alors que l'on t'a tant aimer

Pourquoi partir
Pourquoi partir
Pourquoi partir
Alors que l'on t'a tant aimer

LA FILLE AUX JUPONS

LA FILLE AUX JUPONS

C'était une très belle fille

Elle portait d'beaux jupons

C'était une très belle fille

Elle aimait les garçons

Et pour moi cette fille

Elle n'avait pas de nom

Mais pour moi cette fille

Elle avait d'beaux ni ni ni ni....

Oh ! Qu'c'était beau

Oh ! Qu'c'était bon

Que d'lui enlever

Tous les soirs

Ses jupons

Oh ! Qu'c'était beau

Oh ! Qu'c'était bon

D'pouvoir toucher

Tous les soirs

Ses nini ni ni ni

Puis un jour cette fille

A trouvé un garçon

Puis un jour cette fille

M'a laissé ses jupons

Maintenant tous les soirs

Je chante mes chansons

Maintenant tous les soirs

Je suis seul comme un con

Oh ! Qu'c'était beau

Oh ! Qu'c'était bon

Que d'lui enlever

Tous les soirs

Ses jupons

Oh ! Qu'c'était beau

Oh ! Qu'c'était bon

D'pouvoir toucher

Tous les soirs

Ses nini ni ni ni

J'ai fait tous les journaux

Les plus spécialisés

Afin que dans l'dodo

Elle se fasse remplacer

Sont venus des bargeots

Et toutes sortes de kékés

Mais jamais en un mot

Un p'tit cœur à aimer

Oh ! Qu'c'était beau

Oh ! Qu'c'était bon

Que d'lui enlever

Tous les soirs

Ses jupons

Oh ! Qu'c'était beau

Oh ! Qu'c'était bon

D'pouvoir toucher

Tous les soirs

Ses nini ni ni ni

Si un jour par chez moi

Vous veniez à passer

Je vous jure Mesdames

Qu'on pourrait s'amuser

J'vous mettrai des jupons

Et j'vous ferai danser

Tous les soirs non de non

J'n'aurai plus à rêver

Oh ! Qu'ce s'rait beau

Oh ! Qu'ce s'rait bon

Que d'vous enlevez

Tous les soirs

Vos jupons

Oh ! Qu'ce s'rait beau

Oh ! Qu'ce s'rait bon

D'pouvoir toucher

Tous les soirs vos nini ni ni ny..........lons

POURQUOI

Tout ce que j'ai pu attendre de la vie.
Toutes les réponses quelles ne m'a pas donnés.

POURQUOI

Vers mon enfance je suis allé

Vers mon enfance me suis tourné

Mais mon enfance a détalé

Pourquoi ? Pourquoi ? Pourquoi ?

Oh mais pourquoi ?

Puis vers l'école je suis allé

Puis à l'école j'n'ai plus pensé

Et tous les profs m'ont expulsé

Pourquoi ? Pourquoi ? Pourquoi ?

Oh mais pourquoi ?

Ne me dis pas pourquoi

Je ne sais pas pourquoi

Il n'y a pas de pourquoi

Et pourquoi pas

Quand vers l'amour je suis allé

Et quand l'amour m'a repoussé

A moi pauv'gars on ne souriait pas

Pourquoi ? Pourquoi ? Pourquoi ?

Oh mais pourquoi ?

Et à la guerre je suis allé

Et à la guerre n'est pas tiré

Car des gamins fallait tuer

Pourquoi ! Pourquoi ? Pourquoi ?

Oh mais pourquoi ?

Ne me dis pas pourquoi

Je ne sais pas pourquoi

Il n'y a pas de pourquoi

Et pourquoi pas

Pour un patron je suis allé

Pour un patron m'suis engagé

Mais je n'dis pas ce qu'il m'a fait

Pourquoi ? Pourquoi ? Pourquoi ?

Oh mais pourquoi ?

Vers mes regrets je suis allé

Vers mes regrets j'm'suis paumé

Seuls mes regrets m'ont accepté

Pourquoi ? Pourquoi ? Pourquoi ?

Oh mais pourquoi ?

Ne me dis pas pourquoi

Je ne sais pas pourquoi

Il n'y a pas de pourquoi

Et pourquoi pas

Quand vers Bon Dieu je m'en irai

Quand vers Bon Dieu je partirai

Personne ne tiendra mon gilet

Pourquoi ? Pourquoi ? Pourquoi ?

Oh mais pourquoi ?

Vers cette chanson je suis allé

Par cette chanson j'ai tout avoué

Pour qui chanter tous ces couplets

Pour toi, pour toi, pour toi,

Oh mais pour toi

Ne me dis pas pourquoi

Je ne sais pas pourquoi

Il n'y a pas de pourquoi

Et pourquoi pas

Ne me dis pas pourquoi

Je ne sais pas pourquoi

Il n'y a pas de pourquoi

Et pourquoi pas

TABLE DES MATIERES

7   Préface

12   Monsieur Dupont

16   La femme est Dieu

20   Singin' cowboy

29   Sans regret

33   Ailleurs

36   La première fois

39   Amour

42   Fils père inversement

45   J'ai fait l'amour avec la terre

48   Et si

51   French Dream

56   Quand j'étais un petit drôle

59   J'aime

62   La lettre

66   La star

69   Just like You

75   Vérité

78   Le chemin de ta vie

81   Mets de l'amour dans ton cœur

84   Mister Joe and his dancing horse

90   Montre-moi

95   For my Daughter

100   Question

105   C'est moi

110   Une musique dans ma tête

113   Bébert

117   Le chanteur a vieilli

130   Le vrai bonheur existe

134   Enfant nature

139   Pour toi l'artiste

143	Le petit âne
146	J'ai vu la lune sourire
149	Le masque
153	Dessin d'un soir
156	Rêve d'un soir
159	Soleil de nuit
162	La balade du sentiment
165	Sur un air de valse
170	Message
173	Médiéval
178	Sans toi
181	Refaire le monde
184	Vers demain
188	Si vous voulez
191	Sur ma route
194	Elya
198	La fille aux jupons
204	Pourquoi

DU MÊME AUTEUR

- *Ce que voit un cœur ce que dit une âme*

          Déjà paru BoD février 2020

- *Ego regard*   A paraître Réédition

- *La révolte du silence*   A paraître Réédition

- *Avec les mots du peuple*   A paraître Réédition

- *Dans la lumière d'un regard*   Sous réserve